MAXIMILIEN ROBESPIERRE

El incorruptible defensor del pueblo

Por Benoît Lefèvre
Traducido por Laura Soler Pinson

Historia 50MINUTOS.es

MAXIMILIEN ROBESPIERRE

- **¿Nacimiento?** El 6 de mayo de 1758 en Arras (Francia).
- **¿Muerte?** El 28 de julio de 1794 en París (Francia).
- **¿Contexto?** La Revolución francesa (1789).
- **¿Principales aportaciones?**
  - La democracia.
  - La igualdad entre los ciudadanos.
  - La soberanía popular.

Maximilien de Robespierre, abogado de formación, se centra en una carrera política desde los inicios de la Revolución francesa en 1789. Este gran defensor del pueblo resulta ser un orador prolijo y pronuncia al menos 1000 discursos en 5 años en distintas asambleas, donde lucha por ganarse el afecto del pueblo defendiendo su causa. En seguida se convierte en una de las personalidades más influyentes de la Revolución. La fuerza de sus convicciones y su implicación en su causa le permiten alcanzar la notoriedad rápidamente. Pero su audacia también le granjea enemigos que no dejan de ponerle obstáculos en el camino. Aun así, durante toda su vida, logra superar las dificultades con su voluntad y su tenacidad, hasta imponerse como el hombre fuerte del Terror (5 de septiembre de 1793-28 de julio de 1794). Cuando se encuentra en la cima de su popularidad, sufre a la vez los efectos de un régimen que la población considera demasiado cruel y las intrigas de sus enemigos políticos, que lo llevarán a la guillotina.

Robespierre, considerado a veces un mártir y, a veces, un monstruo de la Revolución francesa, pasará a la posteridad como el hombre político artesiano que aporta a la Revolución francesa valores republicanos que, hoy más que nunca, se proclaman con fuerza.

BIOGRAFÍA

| Retrato de Maximilien de Robespierre, c. 1790.

UN ESTUDIANTE BRILLANTE

Maximilien François Isidore de Robespierre nace en Arras, en el norte de Francia, el 6 de mayo de 1758, cuatro meses después de la boda precipitada de sus padres. Proviene de una familia de la pequeña nobleza compuesta por comerciantes y por representantes de la ley cercanos al mundo rural. Tiene dos hermanas, Charlotte y Henriette, así como un hermano, Agustín (1764-1794), que también iniciará una carrera política. El padre, François, es abogado en el Consejo de Artois. Maximilien de Robespierre tiene tan solo 6 años cuando fallece su madre al dar a luz a otro hijo, que tampoco sobrevive. François, llevado por la tristeza, se endeuda y desaparece antes de morir lejos de su familia en 1777. A partir de ese momento, los jóvenes son criados piadosamente por sus abuelos maternos, que viven modestamente. Robespierre, que se ve privado de modelos parentales, construye su personalidad con las lecturas de los grandes clásicos de la literatura.

Inicia sus estudios en 1765 en Arras. A continuación, la abadía de Saint-Vaast le concede una modesta beca anual que le permite continuar su formación a partir de 1769 en el colegio Louis-le-Grand en París. Allí estudia Historia y Retórica, y se apasiona por la Filosofía. En los pasillos, se codea en particular con Danton (1759-1794) y con Camille Desmoulins (1760-1794), pero al sentirse aislado en ese mundo de condición social superior, se refugia en el trabajo sin entablar una auténtica amistad con sus compañeros.

UN JOVEN ABOGADO COMPROMETIDO

En 1781, obtiene una licenciatura en Derecho y vuelve a Arras, con 600 libras en el bolsillo, que se le ofrecen como recompensa por sus estudios completados de forma brillante. En seguida se inscribe en el colegio de abogados, con lo que sigue los pasos de su padre. Vive éxitos profesionales y sociales inmediatos, y eso le da una seguridad financiera. En 1783, se convierte en catedrático en la Academia de Arras, donde rápidamente ejerce diversos cargos honoríficos. Ejerce su talento literario y redacta sus primeros ensayos, en los que ya defiende la igualdad de todos frente a la justicia. En 1787, se incorpora al círculo literario de los Rosati, donde se codea con la élite local y se gana el aprecio de sus compañeros.

Pero le cuesta hacer que su carrera de abogado despegue. En efecto, con su tono provocador, pone en entredicho la organización de la justicia y la estructura del orden público, algo que no gusta a los notables ni al clero. Sus posturas irritan a las autoridades, que lo silencian; pero para Robespierre su fama ante el pueblo sabe a victoria. A partir de ese momento, desarrolla una frustración que le dará más adelante la energía necesaria para defender con fuerza sus ideales.

DE LA CUMBRE DEL ESTADO A LA PLAZA DE LA REVOLUCIÓN

El anuncio de la convocatoria de los Estados Generales durante el verano de 1788 es la oportunidad para que Robespierre vuelva a la carga e inicie una carrera política. Logra ser elegido el 26 de abril de 1789 para representar al tercer estado de Artois. Poco a poco, se impone como un líder de opinión. Robespierre, que defiende fervientemente al pueblo —con el que en realidad jamás ha tenido un contacto real— y a los negros, lucha por la igualdad de todos los ciudadanos. También predica a favor de una educación obligatoria y gratuita. Este hombre de convicciones se muestra intransigente con los que actúan en contra de sus ideas, un temperamento que se confirma con el Terror, del que se convierte en el personaje emblemático.

| *Los Estados Generales*, grabado de Alphonse Lamotte, 1889.

Físicamente, Robespierre es un hombre pequeño que presta mucha atención a su aspecto. Aunque en apariencia es frío y distante, se muestra sensible y muy nervioso. Tiene una salud robusta, pero su empeño en el trabajo le da una tez pálida. Sus costumbres rigurosas lo llevan a apartarse del alcohol. A pesar de algunos intercambios epistolares y de algunas relaciones pasajeras, no muestra interés por las mujeres y por el placer carnal, al que percibe únicamente como una forma de corromper su mente. Solo habría tenido una relación amorosa con la hija del carpintero parisino en cuya casa vive modestamente a partir de agosto de 1791. En efecto, nada debe distraerlo de la única misión que se plantea: la de defender los derechos del pueblo. Esta devoción total a una causa le sirve para que sus iguales lo llamen a partir de 1790 «el Incorruptible». Su determinación y su perseverancia en la lucha por la igualdad de los ciudadanos lo llevan a granjearse muchos enemigos.

A partir del 27 de pradial del año II (12 de junio de 1794), cansado por 5 años de trabajo intenso y de presencia constante en distintas tribunas, afectado por atentados fallidos dirigidos contra él, nota cómo se deteriora su salud. Además, cada vez se muestra menos activo, hasta llegar a desaparecer durante 25 días. Sus enemigos aprovechan su ausencia para tramar un complot contra él y, el 9 de termidor del año II (27 de julio de 1794), cuando Robespierre, que ya está de regreso, espera que se vote un decreto de acusación contra sus enemigos, estos intentan llevar a cabo un acto de fuerza, lo que llevará a su arresto. La

Comuna (es decir, el Gobierno municipal de París que se establece en julio de 1789 y se extiende hasta el mes de octubre de 1795) logra liberarlo y lo lleva al Ayuntamiento, donde los gendarmes no tardan en entrar para volver a arrestarlo y llevarlo a la cárcel de la Conciergerie. Durante el altercado, sale disparada una bala que le fractura la mandíbula. Las fuentes no permiten saber cuál es el origen del disparo. Mientras que algunos relatos lo interpretan como un intento de suicidio fallido, otros creen que la bala es disparada por un gendarme que irrumpe en el Hotel de Ville poco antes del asalto. Una tercera hipótesis evoca el hecho de que habría resultado herido durante un combate individual.

Se le declara al margen de la ley, así que no es necesario juzgarlo para ejecutarlo, por lo que Robespierre es llevado junto a varios de sus seguidores hacia la plaza de la Revolución (la actual plaza de la Concordia) en la tarde del 10 de termidor. Durante el trayecto, el condenado sufre la indiferencia de la multitud, que teme re-presalias. Acompañado por 21 de sus partidarios, muere en la guillotina ese mismo día. Sus restos se depositan en una fosa común del cementerio de Errancis, que actualmente ha desaparecido.

| Ejecución de Robespierre y de sus cómplices conspiradores contra la Libertad y la Igualdad, estampa con fecha de 1794.

Madame Tussaud (1761-1850) revela en sus *Memorias* que consigue la cabeza de Robespierre en los instantes posteriores a su ejecución. Con ella, habría efectuado un molde. A partir de él, habría efectuado una máscara que sirve de base en 2013 para elaborar una reconstrucción del rostro del abogado de Arras. Pero desde principios del siglo XX, muchos son los historiadores que dudan de la autenticidad del molde. En efecto, los testimonios de Madame Tussaud a veces son inverosímiles. Además, el Gobierno deseaba hacer desaparecer con cal viva los cadáveres de las personas decapitadas el 10 de termidor para evitar que el público las venerara. Por lo tanto, es muy poco probable que le dejaran obtener la cabeza de Robespierre. Para acabar, durante el asalto del Ayuntamiento, Robespierre recibe una bala de fusil en la cara, que lo hiere de gravedad; sin embargo, no existe huella alguna en la máscara. No obstante, esta anécdota demuestra la fascinación que Robespierre provoca durante el siglo XIX y la leyenda que surge de él.

CONTEXTO

LA SOCIEDAD DEL ANTIGUO RÉGIMEN EN EL SIGLO XVIII

Mientras que al otro lado del Atlántico las colonias británicas luchan para obtener su independencia (1776-1783), Francia decide prestarles su ayuda, algo que le costará al menos un millón de libras. El pueblo no ve con buenos ojos este gasto, ya que está sufriendo las consecuencias de una gran crisis económica, que se agrava a partir de 1788 por unas malas cosechas a causa del clima. Algunos consideran que, para mejorar la situación, habría que reformar profundamente el Estado en el plano social, político y, sobre todo, institucional.

Aunque, sin lugar a dudas, Luis XV (1710-1774) y Luis XVI (1754-1793) intentan aportar las medidas necesarias, ya sea en cuestiones de desarrollo agrícola y comercial, de urbanismo, de salud y de educación pública o de justicia, estos avances no terminan de satisfacer al pueblo. Los dos se encuentran con la oposición de la nobleza y del clero, pero también, y sobre todo, con la de los parlamentos, que se niegan a aplicar las leyes que emanan del rey, ya que quieren conservar sus prerrogativas y sus privilegios. Además, el poder debe transigir con una nueva fuerza: los periódicos, los panfletos y otras publicaciones, que difunden las ideas rápida y masivamente, y alimentan la opinión pública.

EL PARLAMENTARISMO FRANCÉS

En el Antiguo Régimen, el Parlamento francés no ejerce una función legislativa, como ocurre en el Reino Unido en la misma época y como sucede en la actualidad, sino judicial. De hecho, se trata de un tribunal de justicia que aparece durante la primera mitad del siglo XIII, primero en París y después en las demás provincias.

Además de esta función, el objetivo de los parlamentos es inscribir las ordenanzas y los edictos reales en registros para que una norma adquiera un carácter obligatorio. A partir del siglo XV, los parlamentos también disfrutan del derecho llamado *droit de remontrance*, que les permite negarse a registrar una ley y, por lo tanto, a aplicarla. Abusan de esta prerrogativa y bloquean las reformas del rey durante el siglo XVIII. La Revolución francesa pone punto final a su actividad en 1789-1790.

LA REUNIÓN DE LOS ESTADOS GENERALES

Ante la fuerte oposición que genera la política de reformas de Luis XVI, este decide convocar los Estados Generales, donde se representarían los tres órdenes: la nobleza, el clero y el tercer estado. Toda una primicia desde 1614. Pero ya a partir de la sesión inaugural del 5 de mayo de 1789, se plantea un tema que perturba las mentes con respecto a las modalidades de voto en la asamblea. En principio, cada orden expresa un voto. Sin embargo, el clero y la nobleza se confabulan para conservar sus privilegios. Por lo tanto, la suerte está echada de antemano: resulta imposible que el tercer estado se imponga, cuando por sí solo representa a más del 95 % de la población.

Robespierre, que está demasiado silenciado en Arras, ve la oportunidad de expresar sus ideas y de lanzarse en política. Aislado de cualquier contacto, encuentra la forma de darse a conocer utilizando la provocación y publicando sus obras. Además, tal y como sucede con muchos otros líderes de opinión regionales, redacta un panfleto, titulado *A la nación artesiana sobre la necesidad de reformar los Estados de Artois*, en el que, usando la exageración y el estereotipo, denuncia la estructura oligárquica en tres clases que impide una representación justa de la nación y se erige como defensor de los derechos del pueblo. Esta publicación política le permite obtener una cierta fama local. De esta manera, amplía su círculo de seguidores y, con respecto a esto, recibe el apoyo de su hermana Charlotte.

Se celebran otros debates entre los representantes del tercer estado, que se niegan a ser considerados como el tercer orden, dado que encarnan a 24 millones de franceses. Además, se adopta una moción el 17 de junio de 1789 para darle el nombre de Asamblea Nacional. Tres días más tarde, el 20 de junio, los miembros de esta nueva asamblea se reúnen en la sala del Juego de Pelota del castillo de Versalles, donde pronuncian el famoso juramento de no disolverse antes de haber elaborado una Constitución para el país. El 9 de julio, la Asamblea se declara constituyente.

| *El juramento del Juego de Pelota*, cuadro de Jacques-Louis David, 1791. Robespierre se encuentra a la izquierda de Bailly (presidente de la Asamblea Nacional, 1736-1793), la figura central. Su pie derecho está avanzado, su mirada se dirige hacia las ventanas y sus manos están colocadas sobre su pecho, lo que indica su total devoción por la Constitución.

LOS AÑOS DE REVOLUCIÓN

Unos días más tarde, se producen unos altercados en París y, más adelante, en el resto de provincias, y el 14 de julio los sublevados toman la Bastilla. El 26 de agosto de 1789, la Asamblea vota la Declaración de los Derechos del Hombre y del Ciudadano, que define los derechos naturales y sienta las bases de un nuevo régimen. Más que su sombra, es el espíritu de Robespierre lo que planea sobre la redacción del texto. De hecho, Camille Desmoulins dirá de él en 1791 que es «el comentario vivo de la declaración de los derechos» (Robespierre 2005, 42).

| Toma de la Bastilla, c. 1789-1791.

El 16 de mayo de 1791, los miembros de la Asamblea Nacional Constituyente, animados por Robespierre, se declaran no reelegibles para la formación de la futura Asamblea Legislativa. Esta celebra su primera sesión el 1 de octubre de 1791 y en ella se enfrentan dos corrientes. Por una parte están los montañeses, de los que formará parte Robespierre cuando resulte elegido para la Convención Nacional en septiembre de 1792 una vez que esta sustituya a la Asamblea Legislativa. Estos defienden la igualdad social y los intereses del pueblo. Por otro lado, están los girondinos, que predican la libertad económica sobre todas las cosas.

propietarios, negociantes y banqueros. Ejercen una gran influencia al año siguiente, cuando se funda la República. Cabe señalar que el término genérico «girondinos» solo se utiliza de forma habitual desde el siglo XIX, a pesar de que se crea en 1792. En su origen, estos diputados no forman un grupo totalmente homogéneo. No obstante, se puede considerar que el núcleo más importante está compuesto por los brissotins, reunidos alrededor de Jacques Pierre Brissot (1754-1793).

El 21 de junio de 1791, Luis XVI y su familia son arrestados en Varennes cuando intentaban huir y se les vuelve a trasladar a París el 25 de junio antes de encarcelarlos en esa misma ciudad. El 9 de agosto de 1792, nace en París la Comuna Insurreccional, que reunirá el poder político y militar efectivo y que pasará a estar bajo el control del Comité de Salvación Pública, dirigido por Robespierre. El 16 de agosto de 1792, este eleva una petición a la Asamblea en la que reclama que se despoje al rey de sus poderes, que se instaure un Tribunal Revolucionario y que se sustituya la Asamblea Legislativa por una Convención

Nacional.

Estos acontecimientos despiertan el temor de las monarquías europeas de ver cómo se extiende el movimiento revolucionario por sus territorios y ser a su vez despojados del trono. En la Asamblea, los diputados evocan la posibilidad de entrar en guerra contra las potencias extranjeras; Robespierre no se opone a una posible declaración de guerra por parte de Francia con el objetivo de difundir la libertad de pueblo. No obstante, el 30 de abril de 1792, recuerda la importancia de luchar contra los enemigos internos de Francia antes de atacar a las aristocracias extranjeras.

La Convención sucede a la Asamblea Legislativa el 21 de septiembre de 1792. Sus miembros, entre los que se encuentra Robespierre como representante de París y también varios seguidores de su amigo Danton, son elegidos sobre la base de un sufragio universal masculino. Proclama de manera inmediata la abolición de la monarquía y, al día siguiente, nace la República. Sin embargo, a partir de finales del mes de octubre, los girondinos acusan a Robespierre de querer instaurar una dictadura. Intenta defenderse publicando un nuevo panfleto periódico, *Cartas a sus Comitentes*.

Entre septiembre de 1792 y noviembre de 1795, la Convención Nacional concentra todos los poderes. Está compuesta por un órgano legislativo, que vota las leyes y los decretos basándose en informes elaborados por comités, y por un Gobierno, que está conformado por representantes del pueblo, soberano, y que se encarga de la ejecución de los textos legislativos. Actúa bajo la supervisión del Comité de Salvación Pública. En este organismo, Robespierre ocupa un escaño sin interrupción a partir del 27 de julio de 1793 y hasta su muerte. Respaldado por estos nuevos poderes, intenta restablecer la situación de Francia, que se encuentra en su fase más crítica a causa de las guerras, del temor que las monarquías europeas sienten por la Revolución, de la situación económica y de la hambruna. Sin embargo, la Convención no ve con buenos ojos el poder creciente del Comité, que poco a poco se convierte en una dictadura colegiada.

A finales de 1792 se celebra el juicio contra Luis XVI en la Convención. Por una escasa mayoría, sus miembros votan entre el 15 y el 20 de enero

de 1793 la condena a muerte del rey. Es guilloti-
nado al día siguiente en la plaza de la Revolución.

MOMENTOS CLAVE

EL DEFENSOR DEL PUEBLO

Desde el inicio de su carrera de abogado, Robespierre se dedica a la lucha contra los privilegiados que oprimen a la gente común. En 1783, alcanza su primer triunfo importante como abogado con el caso del pararrayos, en el que se erige como defensor de la ciencia y de la razón frente a la Iglesia y a las supersticiones. En efecto, su cliente, abogado y físico, se negaba a quitar un pararrayos que había colocado en su chimenea, y que despertaba los miedos de sus vecinos.

En 1784, su odio hacia los privilegios del clero y de la nobleza se ve reforzado durante un juicio en el que defiende con éxito a un hombre a quien los miembros de una abadía de la región de Arras habían acusado en falso de robo. Robespierre, apasionado, se deja llevar y va más allá de la simple defensa de su cliente ya que, a pesar de que se reconoce la inocencia del mismo, reclama una compensación económica por los daños provocados. Por otra parte, redacta una disertación en la que denuncia las desigualdades de los ciudadanos frente a la ley y fustiga las costumbres de la Iglesia. Poco tiempo después, critica abiertamente el poder absoluto del rey, así como el sistema judicial, que considera arbitrario y al servicio de los más adinerados. Esto tendrá consecuencias, puesto que, después de 1787, tanto sus colegas como la alta sociedad artesiana lo apartan.

Excluido en Arras, Robespierre ve en el anuncio de los Estados Generales la oportunidad para volver a escena y defender sus ideales con más fuerza. Sale elegido como diputado y llega a Versalles en abril de 1789.

UN ORADOR APASIONADO

| Representación de Robespierre.

En sus inicios, Robespierre no muestra ningún talento como orador. Sus discursos monótonos y, por decirlo de alguna manera, interminables cansan a una parte de su audiencia. Sus enemigos lo perciben como una eterna reiteración insignificante, pero gracias a ellos, adquiere una cierta fama entre la gente que vive en los suburbios. Es sobre todo en la Asamblea donde destaca por la trascendencia de sus convicciones y por su retórica. Sus intervenciones y la publicación de periódicos que difunden sus ideas y sus discursos lo llevan a alcanzar una popularidad enorme y a convertirse en la persona más representativa de la Revolución francesa a partir de 1791.

Como un auténtico inquisidor, denuncia las intrigas y los complots, aunque cuida siempre de no nombrar a las personas a las que denuncia. En sus intervenciones, Robespierre adopta una visión muy maniquea de la sociedad. Por una parte, se encuentran los opresores, es decir, los aristócratas y los ricos, que idean complots; por la otra, los oprimidos y los excluidos, es decir, los pobres, las mujeres, los judíos, los negros y los actores.

Antes de alzarse con el poder de la Asamblea, logra conquistar a los jacobinos con este tono. En seguida, Robespierre ejerce una gran influencia dentro de este club creado en 1789 y se convierte en su presidente en abril de 1790.

Los jacobinos

El origen del Club de los Jacobinos se encuentra en la reunión privada de diputados del tercer estado, primero bretones y, más adelante, de toda Francia. En octubre de 1789, siguen al rey y a la Asamblea Nacional a París y se instalan en el convento de los jacobinos situado en la calle Saint-Honoré. Los burgueses patriotas y los nobles liberales que conforman este club de pensamiento quieren luchar tanto contra la aristocracia como contra los excesos de la Revolución. Gracias a una amplia red de filiales en las provincias (unas 6000 en 1791) y al control de los periódicos, el club ejerce una gran influencia en los organismos de los distintos niveles de poder. La organización revolucionaria, que primero sigue una tendencia moderada, termina por dividirse tras la huida del rey a Varennes. Entonces, Robespierre se une a los miembros más radicales. Su ejecución provoca la caída del jacobinismo y la disolución del club parisino el 22 de brumario del año II (12 de noviembre de 1794).

SU PENSAMIENTO POLÍTICO

La influencia de los autores clásicos

Si bien las ideas de Robespierre son originales, lo cierto es que están muy influidas por sus lecturas de la cultura clásica y también, sobre todo, por Jean-Jacques Rousseau (1712-1778), al que estudiaba con gusto cuando acudía el colegio Louis-le-Grand. También está muy imbuido de sus contemporáneos y de los teóricos del derecho natural. Las numerosas referencias que hace a Francis Bacon (1561-1626), a Leibniz (1646-1716), a Montesquieu (1689-1755), a Voltaire (1684-1778) o, incluso, a Turgot (1727-1781) durante sus alegatos dan fe de su amplia cultura y de su excelente memoria. La razón por la que da tanta importancia a los filósofos de la Ilustración es que en ellos encuentra las preocupaciones sociales que le interesan.

El derecho natural y la constitución de una comunidad política

Robespierre toma de Rousseau su concepción del pueblo, una idea que se acerca a la de los ingleses Thomas Hobbes (1588-1679) y John Locke (1632-1704). Así, según el filósofo ginebrés, el hombre vive primero en un estado de naturaleza, donde es libre, igual a sus semejantes y capaz de perfeccionarse. A continuación, se transforma en un hombre social, lo que inevitablemente lo conduce hacia una degradación humana. Debido al incremento de la población, aumentan las necesidades y el trabajo se convierte en algo imprescindible. De esta manera, el desarrollo de las actividades de producción trae consigo el derecho de propiedad y, por consiguiente, aparecen las desigualdades entre los individuos y un gusto por la dominación. Así es como los individuos pierden su libertad inicial.

Para solucionar estos vicios, los hombres recurren un artificio: el contrato social. Se reúnen para formar una comunidad política en la que cada uno renuncia a sus derechos naturales. A cambio de esta concesión, obtienen la garantía de una libertad civil y de un auténtico derecho de la propiedad gracias a la instauración de instituciones.

Al contrario que Hobbes y Locke, Rousseau se muestra a favor de una democracia que no sea representativa, sino que haya una participación directa de los ciudadanos en el poder político porque, en su opinión, la voluntad general es indivisible. Este sistema podía aplicarse fácilmente en las ciudades griegas de la Antigüedad o en las italianas del Renacimiento. Robespierre admite que la dificultad reside en el hecho de que un régimen representativo parece ser la única posibilidad para un territorio tan vasto como Francia. Por lo tanto, la solución consiste en formar asambleas numerosas y que el pueblo lleve a cabo una estrecha vigilancia sobre los mandatarios, haciéndose mucho eco de sus acciones, lo que limitaría su corruptibilidad. Durante la Revolución francesa, esto se traduce por un desarrollo importante de la prensa y por la difusión de panfletos, periódicos y otras publicaciones.

Robespierre establece una clara diferencia entre poder y función. Aunque los electores y los diputados tienen derecho a ejercer el poder político, el rey y los ministros, que son funcionarios, no pueden intervenir en la Asamblea. No son más que representantes del pueblo, que los ha elegido, y para el que ejercen deberes políticos, no derechos personales. Igualmente, en lo que respecta a los tribunales, los magistrados reparten justicia en nombre del pueblo, que los ha nombrado.

Según Robespierre, los derechos naturales no tienen fecha de caducidad y son válidos para todos los hombres, sin importar el momento o el lugar. Están compuestos por la libertad de circulación y la de disponer de su cuerpo, por la posibilidad de cubrir sus necesidades y de no tener que temer a la más mínima dependencia. Por lo tanto, la libertad reside en la posibilidad de no verse sometido a la voluntad de otro. Para garantizar la protección de estas libertades, son imprescindibles las instituciones. Estas funcionan gracias al dinero público, es decir, a los impuestos que tanto ricos como pobres tienen que pagar en función de sus recursos. En 1793, Robespierre avanza que la sociedad debe brindar a cada persona la manera de garantizar su propia subsistencia, ofreciendo trabajo o ayuda. Quiere que este principio se aplique a todos los niveles de la sociedad, ya sea dentro de una nación o entre países. Esta noción de fraternidad es muy importante para Robespierre y, en diciembre de 1790, es el primero que reclama que la palabra se inscriba en las banderas de la Guardia Nacional, detrás de «Libertad» e «Igualdad».

Las cualidades del pueblo

El elemento fundamental del pensamiento de Robespierre reside en el hecho de que concibe al pueblo como virtuoso, con lo que se une de nuevo a Jean-Jacques Rousseau. El pueblo se muestra generoso y aspira a la justicia. Según Robespierre, esta virtud debe erigirse como el principio fundamental de la República, ya que «produce felicidad y el Sol produce luz» (McPhee 2015), tal y como ya afirma en 1784. Por lo tanto, cada ciudadano tiene que respetar las virtudes cívicas, como el amor a la patria y a la igualdad, y las virtudes privadas, como la honestidad, la sinceridad o, incluso, la valentía.

A estas cualidades morales, que son la prioridad de Robespierre, se añaden las cualidades intelectuales. Estas se adquieren y se desarrollan a través de la educación. Sin embargo, en el

Antiguo Régimen, la educación de calidad está reservada a los acaudalados, que mantienen al pueblo en la ignorancia para conservar sus privilegios sociales. Además, Robespierre aboga por que se introduzca en la Constitución de 1793 una instrucción pública y accesible a todos por igual. Así, se organiza una educación común para los niños de entre 5 y 12 años.

Por su parte, los adultos deben inspirarse de ejemplos de la Antigüedad, de la Declaración de los Derechos del Hombre y del Ciudadano, de las leyes que Robespierre considera útiles para el bien del pueblo o, incluso, de los espectáculos y de los teatros.

La igualdad

El principio de igualdad entre todos los hombres, sin importar su estatus social, constituye un derecho realmente sagrado para Robespierre. Pero en seguida tiene que enfrentarse a la Constituyente y a su mayoría burguesa, que tiende a asignarse las ventajas de la Revolución y el ejercicio de los asuntos públicos.

Robespierre reivindica que este principio de

igualdad también debe aplicarse en el plano racial. Sin embargo, en ese aspecto no cosecha tanto éxito cuando, el 15 de mayo de 1791, la Asamblea solo otorga los derechos políticos a los hombres negros libres nacidos de padres libres. Pero gracias a la acción de Robespierre, los protestantes, los judíos y los actores ya pueden obtener la ciudadanía en 1790.

Para prohibir cualquier distinción heredada del Antiguo Régimen, pide la supresión de los títulos de nobleza. Así, a partir de junio de 1790, elimina la preposición «de» en sus firmas y pasa a llamarse Maximilien Robespierre, para que no existan dudas acerca de su carácter plebeyo.

Los miembros de la familia real y los eclesiásticos deben poder contar con los mismos derechos cívicos que el resto de ciudadanos. En contra de la opinión de la Asamblea, por lo general, los sacerdotes están a favor de su propuesta de poder «vivir bajo el vínculo del matrimonio, más seguro para las costumbres que el voto del celibato»[1].

Esta imagen de Robespierre que solo lucha por la

---

1. Cita traducida por 50Minutos.es

defensa de los desheredados ha sido construida y difundida por historiadores hagiógrafos. La realidad lo obliga a no respetar siempre sus principios al pie de la letra. Lo cierto es que, para garantizarse unos ingresos suficientes, y vista la competencia entre abogados, Robespierre no puede renunciar a defender también a clientes más adinerados.

Así, una leyenda que difunde su hermana Charlotte cuenta que habría preferido renunciar a sus funciones de juez durante un caso para no tener que pronunciar la pena de muerte, a la que se opone con vehemencia. Pero lo cierto es que ocupa su cargo hasta la Revolución.

La pena de muerte y el Terror

Robespierre se sitúa en una postura que, aparentemente, es ambigua con respecto a la pena de muerte, a la que en seguida pretende oponerse. En esta sentencia, solo ve una forma de barbarie que, debido a su violencia, anima al crimen, en vez de disuadir. En varias ocasiones pide su abolición, en particular, durante un discurso que pronuncia ante la Constituyente el 30 de mayo de 1791. No obstante, su opinión va cambiando durante la

Revolución. Así, en enero de 1793, vota a favor de la ejecución del rey y, el 12 de abril, reclama la pena de muerte para todo aquel que proponga concesiones a los enemigos de la República.

En realidad, Robespierre está esencialmente en contra de la pena capital, salvo en un contexto muy determinado que ya define en 1789: debe castigar a aquellos que ponen en peligro la soberanía del pueblo y la nación. «La verdadera religión consiste en castigar —para asegurar la felicidad de todos— a los que provocan disturbios sociales» (C. N. T. 1999) declara en febrero de 1791. En resumen, Robespierre no solo admite la pena de muerte, sino que la reclama únicamente para aquellos que se oponen a su ideal de libertad.

Así legitima el Terror. Considera que, vistas las circunstancias, es imposible aplicar la Constitución de manera estricta y, por lo tanto, resulta fundamental un régimen de excepción. En efecto, el estado de guerra, tanto en el extranjero como dentro de la propia Francia, impide que el pueblo disfrute al máximo de la Constitución. Primero deben calmarse las tensiones, antes de que la libertad del pueblo pueda instaurarse.

Por lo tanto, esta dictadura se somete al interés público, considerado como la ley suprema y legal mientras el pueblo le otorgue su confianza.

El Terror se instaura en el otoño de 1793. El órgano más representativo de este régimen es, sin lugar a dudas, el Tribunal Extraordinario, más comúnmente llamado Tribunal Revolucionario, creado el 10 de marzo de 1793. Robespierre le asigna la tarea de castigar con la muerte «todo atentado contra la libertad, la igualdad, la unidad y la indivisibilidad de la República» (Ramírez 2014). Tras haber eliminado a sus enemigos, Robespierre aumenta su autoridad y, junto a sus seguidores, se convierte en el auténtico amo de Francia durante la primavera de 1794. El Terror se refuerza el 22 de pradial (10 de junio de 1794), cuando el Comité de Salvación Pública difunde una lista de los enemigos del pueblo e incrementa el poder del Tribunal Revolucionario, suprimiendo el interrogatorio previo del acusado. Así, durante el mes de junio de 1794, muchas personas sospechosas de querer asesinar a Robespierre son condenadas a la guillotina. Este baño de sangre injustificado disgusta al pueblo.

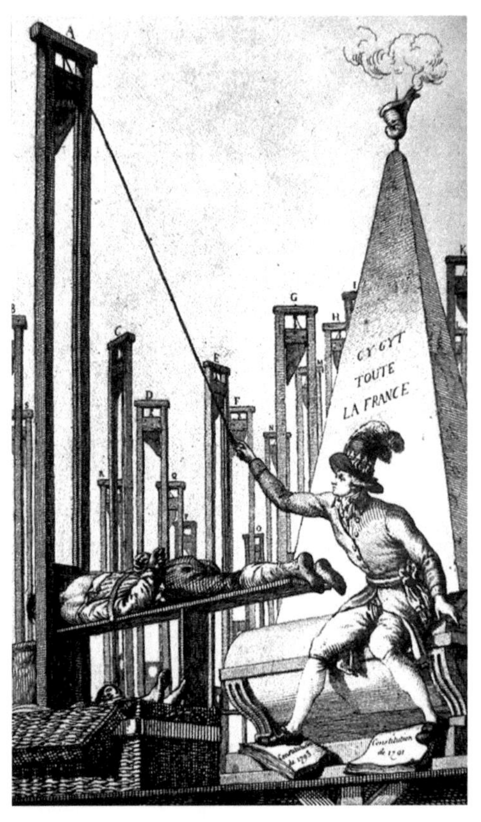

| Caricatura que representa a Robespierre que guillotina al verdugo, dado que ya no queda nadie por ejecutar en Francia.

A causa del poder que ha alcanzado, los detractores de Robespierre le atribuyen la responsabilidad de los errores del Gobierno, aunque en realidad parece que intenta calmar el régimen del Terror. En efecto, no es el miembro más activo dentro del Comité de Salvación Pública, donde dice que solo ejerce una «duodécima parte de la autoridad»[2]. A pesar de la gran cantidad de denuncias que le llegan, se afana en comprobar el fundamento de la información y revoca un número importante de arrestos decididos por su colega y amigo Saint-Just (1767-1794). En su opinión, es mejor atacar a los jefes en vez de buscar culpables a toda costa, corriendo el riesgo de atacar a patriotas. «El castigo de cien culpables oscuros y subalternos es menos útil a la libertad que el suplicio de un jefe de la conspiración» (Robespierre 2005, 241), declara el 5 de nivoso del año II (25 de diciembre de 1793). Incluso logra crear un Comité de Clemencia, encargado de alejar de la guillotina a aquellas personas cuya ejecución en nombre de la República no puede justificarse.

Incluso en el Comité de Salvación Pública, Robespierre debe enfrentarse a una oposición creciente, que le reprocha su política social y envidia su popularidad.

---

2. Cita traducida por 50Minutos.es

La religión

Robespierre comparte de nuevo las ideas de Rousseau y confiesa que creer que existe un ser eterno y supremo es fundamental para distinguir el bien del mal y garantizar sanciones. No obstante, va más lejos que su predecesor en cuanto al pragmatismo religioso intentando justificar la Revolución con ayuda de Dios. En su pensamiento, de alguna manera, el ser divino sostiene en su mano la Revolución, de la misma manera que vela por las otras naciones. Como un apóstol que predica un dogma, Robespierre afirma que el pueblo tiene un carácter sagrado y que, en consecuencia, cualquier oposición que se le plantee debe considerarse un sacrilegio. Además, igual que Dios lucha contra la tiranía y protege a los oprimidos, la Revolución se atribuye los mismos derechos. En cambio, Robespierre muestra bastante más desconfianza hacia los sacerdotes, a los que considera charlatanes de la moral y responsables del pecado.

Por otra parte, Robespierre, preocupado por los principios de igualdad y de libertad, afirma el 18 de frimario del año II (8 de diciembre de 1793) que es importante que exista una amplia tolerancia de culto: cada uno debe poder practicar su fe, sea cual sea.

Por lo tanto, Robespierre no rechaza la religión como tal. En efecto, para él constituye un elemento importante para mantener el equilibrio social, ya que exige un control de las pasiones. Así, desde el principio de la Revolución, quiere luchar contra el ateísmo, no para defender a la Iglesia, sino a la Providencia y porque, según él, se trata de una teoría de ricos opuesta a la Revolución. Además, a partir de la primavera de 1794, intenta establecer un culto laico y republicano situado al amparo de un Ser supremo al que está conectado todo ciudadano francés, independientemente de sus creencias religiosas y filosóficas. Se organizan fiestas el decadi (decimo y último día de la semana en el calendario republicano) en honor a la República, a la Libertad, a la Igualdad, a la Amistad, a la Justicia, etc. El Ser supremo se celebra el 20 de pradial (8 de junio). El culto de la Razón anima al pueblo a entregarse a la patria. Dado que esta devoción se sitúa al amparo de Dios, el proyecto de Robespierre obtiene una opinión favorable en la Convención, entre cuyos miembros hay una mayoría de deístas. Otros le reprochan su concepción de la inmortalidad del alma y sospechan que tiene una tolerancia demasiado grande hacia el clero, algo de lo que él se defiende. A pesar de estos pocos reproches, la instauración del culto republicano se vota con un gran entusiasmo. Guiará a los ciudadanos hacia la virtud, elemento clave para luchar contra la dictadura.

REPERCUSIONES

UN PRECURSOR DE LA IZQUIERDA POLÍTICA

Durante el Terror, los robespierristas intentan llevar a cabo una política social confiscando los bienes de los contrarrevolucionarios para redistribuirlos a los sans-culottes (los revolucionarios). Estas acciones inspirarán los movimientos de izquierda del siglo XIX. Así, Robespierre proporciona un terreno abonado para el comunismo, que considera que toda riqueza proviene de un expolio. De esta manera, el 5 de abril de 1791, pronuncia un discurso en el que defiende la igualación de las fortunas y cuestiona el principio de herencia. Participa en la redacción de la Constitución de 1793 y, en el artículo 7, define la propiedad como «el derecho [...] que tiene todo ciudadano de gozar y de disponer como lo desee de sus bienes» (González 1989, 341).

La mayor influencia que ejerce Robespierre es sobre Lenin (revolucionario y hombre de Estado ruso, 1870-1924). A partir de 1905-1906, este, con ganas de promover una revolución, critica la ineficacia de los atentados individuales y llama a la muchedumbre a que luche contra el régimen zarista. Anima a que los obreros se pongan en huelga, apoya las revueltas campesinas y subleva a las masas. Todo esto proporciona un terreno abonado para la Revolución de Octubre de 1917, en la que el pueblo derroca al zar para liberarse de la opresión que ejerce una clase privilegiada y suprimir la propiedad individual de las tierras en provecho de una igualdad entre todos los individuos. En seguida, Lenin se atribuye el poder y recurre al terror como instrumento político para eliminar a los enemigos que pertenecen a la antigua sociedad y establecer de esta manera un nuevo régimen. También recupera la distinción que Robespierre estipula entre un gobierno de paz y una dictadura de guerra que se justifica actuando en nombre del pueblo.

UN PERSONAJE QUE CAE EN DESGRACIA

Incluso muerto, Robespierre sigue inquietando a sus contrincantes. El halo del que estaba revestido en vida lo convertirá en un ser prácticamente mítico después de su ejecución. No obstante, la Convención intenta desacreditarlo y justificar su paso por la guillotina, presentándolo como el responsable de los actos violentos cometidos durante el Terror y como enemigo de la libertad. Entonces, empiezan a circular rumores para que el personaje pierda su antigua gloria. De esta manera, algunos afirman que habría planeado secuestrar a los hijos de Luis XVI, mientras que otros le atribuyen una vida de excesos.

Robespierre se convierte rápidamente en tan solo un hombre que ha sacrificado miles de vidas para satisfacer su ambición personal. Así, las primeras biografías que se le dedican en los años que siguen a su ejecución lo presentan como un monstruo egoísta, ambicioso, amoral y cruel. Sus enemigos lo presentan como un déspota que, por su carisma político y dada su posición de líder de opinión y de personaje central de las instituciones dirigentes, pudo instaurar la represión y la restricción de las libertades durante el Terror.

Aunque cae en desgracia en la memoria colectiva, está lejos de ser el verdugo que se describe. Al contrario, durante la dictadura del Comité de

Salvación Pública, dedica una amplia parte de su trabajo a comprobar minuciosamente que las personas destinadas al cadalso merecen realmente la pena capital. Dentro del Comité, el poder de Robespierre está bastante más limitado de lo que muchos pretenden, y las decisiones que se adoptan se toman de forma colegiada, no bajo la autoridad de una sola persona.

LA CONSTRUCCIÓN DE UNA LEYENDA

A pesar del descrédito que sufre tras su muerte, Robespierre logra mantener un cierto halo, sobre todo gracias a la publicación de las memorias de su hermana Charlotte y de sus discursos más importantes. Durante el siglo XIX, Robespierre inspira a muchos escritores: Alphonse de Lamartine (1790-1869) le rinde un homenaje en su *Historia de los girondinos* (1847), mientras que George Sand (1804-1876) ve en él al personaje de más peso que se haya visto en la Revolución francesa.

En poco más de dos siglos, Robespierre no ha dejado de despertar las pasiones entre robespierristas y antirrobespierristas. A pesar de que se trata del personaje más importante de los 4 primeros años de la Revolución, los festejos del bicentenario de 1789 lo olvidan por completo y prefieren celebrar a Danton, en vez de aquel a quien todavía se sigue considerando a menudo como un dictador sanguinario. En efecto, aunque algunos historiadores defienden el argumento de que no era más que un simple eslabón de la dictadura colegiada ejercida por el Comité de Salvación Pública, otros no dudan en recordar que, por su carisma, encarnaba más que una «duodécima parte del poder».

Hoy en día, las discrepancias entre sus defensores y sus detractores van más allá de sus acciones y se cuestiona el lugar en el que la Revolución francesa deja a la libertad: los primeros lo ven como un progreso, mientras que para los segundos representa una regresión. No obstante, este debate entre historiadores demuestra una certeza: sin duda, Robespierre encarna uno de los mayores momentos clave de la historia europea.

EN RESUMEN

1758
6 may.: nacimiento de Robespierre

1789
26 abr.: **Robespierre es elegido para los Estados Generales**

17 jun.: el tercer estado se proclama Asamblea Nacional

20 jun.: **Juramento del Juego de Pelota**

9 jul.: la Asamblea se declara constituyente

14 jul.: **toma de la Bastilla**

26 ag.: **se vota la Declaración de los Derechos del Hombre y del Ciudadano**

1790
Abr.: Robespierre es presidente del Club de los Jacobinos

1791
21 jun.: la familia real es arrestada en Varennes

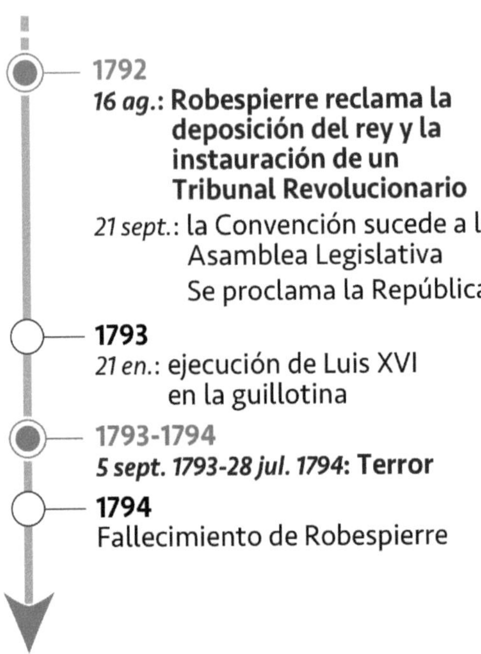

- Robespierre lleva una vida sobria, incluso austera, con el único objetivo de concretizar sus ideas, que siempre ha defendido con vehemencia, a cualquier precio. Rechaza cualquier solución intermedia y no cede ante los muchos obstáculos y amenazas que sus enemigos le plantean. Estos no dejarán de desacreditarlo durante su vida y después de su muerte. Es totalmente consciente de que su obstinación lo llevará algún día a poner su vida en peligro. Le importa poco, siempre y cuando pueda dedicarse a la defensa de los derechos del pueblo. Esta integridad hace que se le atribuya rápidamente el apodo de «Incorruptible».

- Se nutre en gran medida de los filósofos y de otros pensadores como Thomas Hobbes, John Locke y, sobre todo, Jean-Jacques Rousseau. Estos le proporcionan las bases de su concepción del pueblo y de la organización del poder dentro de una comunidad política. Así, inspirado por sus ideas, Robespierre considera que el pueblo es virtuoso y es bueno por naturaleza. Por eso, está convencido de que la libertad de la gente humilde debe ser la ley suprema de una nación. Prevalece sobre todo lo demás, por lo que puede justificar la pena de muerte a la que, sin embargo, se opone Robespierre. Así justifica el régimen del Terror y la dictadura: ambos se ejercen en nombre de pueblo y para el pueblo con el objetivo de instaurar una democracia social.
- Robespierre desarrolla una visión puramente igualitarista de la sociedad. Quiere instituir una política social que limite las grandes fortunas, que favorezca a los pequeños propietarios

y que ofrezca trabajo y una educación pública para todos. Por lo tanto, se trata de ayudar a los menos ricos a través de una redistribución de la riqueza. Esta teoría inspirará considerablemente la Revolución rusa de octubre de 1917 y las ideas comunistas de Lenin.

- Robespierre define la libertad como la posibilidad de no estar sometido a la voluntad del otro. Para ello, deben aplicarse impuestos, que servirán para el funcionamiento de las instituciones encargadas de preservarla.
- La visión igualitarista de la sociedad lo lleva a interesarse también por las cuestiones religiosas. Así, se muestra defensor de la libertad de culto y, rápidamente, denuncia los excesos de los hombres de la Iglesia y sus privilegios. No obstante, convencido de la importancia de la fe en la organización de una sociedad, sustituye la religión católica por una especie de religión de Estado articulada en torno al culto a la razón.
- Robespierre, profundamente odiado por sus enemigos que lo consideran una amenaza, es arrestado y conducido a la plaza de la Revolución el 10 de termidor para ser ejecutado. Sin embargo, su muerte no basta para

erradicar su aura y, en seguida, se desarrolla un mito alrededor de su persona. Aunque todavía hoy en día las opiniones sobre Robespierre son muy rotundas, sigue siendo un personaje clave de la Revolución francesa.

¡Tu opinión nos interesa!
¡Deja un comentario en la página web de tu
librería en línea,
y comparte tus favoritos en las redes sociales!

PARA IR MÁS ALLÁ

FUENTES BIBLIOGRÁFICAS

- Besançon, Alain. 1977. *Les origines intellectuelles du léninims*. París: Calmann-Lévy.

- Bouloiseau, Marc. 1976. *Robespierre*. París: PUF.

- Chabot, Jean-Luc. 2006. *Histoire de la pensée politique. Fin XVIIIe siècle-début XXIe siècle*. Grenoble: Presses universitaires de Grenoble.

- Dingli, Laurent. 2005. *Robespierre*. París: Flammarion.

- Furet, François y Mona Ozouf. 1988. *Dictionnaire critique de la Révolution française*. París: Flammarion.

- Gendron, François, Albert Souboul y Jean-René Suratteau. 2004. *Dictionnaire historique de la Révolution française*. París: Presses universitaires de France.

- Les collections de l'Histoire. 2013. "La Révolution française. Dix années qui ont changé le monde". *Les collections de l'Histoire*, n.° 60.

- Leuwers, Hervé. 2014. *Robespierre*. París: Fayard.

- Roberts, Adam. 2002. "The Changing Faces of Terrorism". *BBC*. 27 de agosto. Consultado el 28 de junio de 2017. http://www.bbc.co.uk/history/recent/sept_11/changing_faces_01.shtml

- Rowley, Anthony. 2002. *Dictionnaire d'histoire de France*. París: Perrin.

FUENTES COMPLEMENTARIAS

- Biard, Michel y Philippe Bourdin. 2014. *Robespierre. Portraits croisés*. París: Armand Colin.

- Bluche, Frédéric, Stéphane Rials y Jean Tulard. 2014. *La Révolution française*. París: PUF.

- Confederación Nacional del Trabajo. 1999. *CeNIT: Órgano de la C. N. T.-A. I. T., regional del exterior: portavoz de la C. N. T. de España*, Edicions 784-804. Nueva York: Cornell University.

- González Amuchastegui, Jesús. 1989. *Louis Blanc y los orígenes del socialismo democrático*. Madrid: Centro de Investigaciones Sociológicas.

- Gueniffey, Patrice. 2000. *La politique de la Terreur. Essai sur la violence révolutionnaire (1789-1794)*. París: Fayard.

- Kautsky, Karl. 2015. *Les luttes de classes pendant la Révolution française*. París: Demopolis.

- McPhee, Peter. 2015. *Robespierre: una vida revolucionaria*. Barcelona: Ediciones Península.

- Obligi, Cécile. 2012. *Robespierre. La probité révoltante*. París: Belin.

- Ramírez, Pedro José. 2014. *El primer naufragio.* Madrid: La esfera de los libros.

- Robespierre, Maximilien. 2005. *Por la felicidad y por la libertad. Discursos.* Editado por Yannick Bosc, Florence Gauthier y Sophie Wahnich. Vilassar de Dalt: El Viejo Topo.

FUENTES ICONOGRÁFICAS

- Retrato de Maximilien de Robespierre, *c.* 1790. La imagen reproducida está libre de derechos.

- *Los Estados Generales*, grabado de Alphonse Lamotte, 1889. La imagen reproducida está libre de derechos.

- Ejecución de Robespierre y de sus cómplices conspiradores contra la Libertad y la Igualdad, estampa que data de 1794. La imagen reproducida está libre de derechos.

- *El juramento del Juego de Pelota*, cuadro de Jacques-Louis David, 1791. Robespierre se encuentra a la izquierda de Bailly (presidente de la Asamblea Nacional, 1736-1793), la figura central. Su pie derecho está avanzado, su mirada se dirige hacia las ventanas y sus manos están colocadas sobre su pecho, lo que indica su total devoción por la Constitución.

- Toma de la Bastilla, c. 1789-1791. La imagen reproducida está libre de derechos.

- Representación de Robespierre. La imagen reproducida está libre de derechos.

- Caricatura que representa a Robespierre que guillotina al verdugo, dado que ya no queda nadie por ejecutar en Francia. La imagen reproducida está libre de derechos.

LITERATURA

- de Lamartine, Alphonse. 1847. *Historia de los girondinos.*

- Domecq, Jean-Philippe. 2011. *Robespierre, derniers temps.*

EDIFICIO CONMEMORATIVO

- Placa conmemorativa en la casa de Arras donde Robespierre vivió entre 1787 y 1789.